Cómo superar la pérdida de tu animal de compañía

5 pasos que te ayudarán a superar su muerte

Santiago Espinosa de la Torre

Contenido

Sobre mí

Mi nombre es Santiago, he trabajado como terapeuta especializado en el tratamiento del duelo animal y he sido voluntario durante varios años.

Mi trayectoria vital

Mi historia de duelo empezó cuando perdí a mi querido compañero canino Lewis cuando tenía solamente 10 años, muchas personas creen que era muy joven para estar en duelo, sin embargo, era mi mejor amigo en la infancia y la niñez. Pasaba mucho tiempo con él, ya que era muy cariñoso y me encantaba jugar con él. Cuando, por desgracia, falleció, sufrí bastante, no entendía las emociones que estaba experimentando y fue la primera vez que me enfrenté a la muerte.

Después cuando tenía 15 años, perdí a mi querido amigo gatuno Oreo de forma inesperada en un trágico accidente vial. Pasaba mucho tiempo con él, por lo que también sufrí bastante tras su muerte.

A continuación, mi querido compañero Simba murió de cáncer, esta fue otra pérdida que me afectó profundamente.

Mi trayectoria profesional

Mi experiencia tras estas pérdidas tan íntimas fueron lo que me inspiraron a ser un terapeuta especializado en el tratamiento del duelo animal y a dedicar mi vida a los animales.

También trabajé durante unos años en un crematorio para mascotas en Estados Unidos, por lo que sé lo doloroso que puede ser perder a un compañero tan especial.

Asimismo, he colaborado en protectoras y ahora dedico tiempo a ayudar a animales necesitados en mi localidad.

La actualidad

Actualmente resido en España. Paso mi tiempo libre disfrutando con mis animales de compañía y como voluntario.

Tengo 2 compañeros caninos que rescaté de la perrera y tengo otros 2 amigos felinos, uno fue rescatado y el otro fue regalado por un amigo. Los quiero mucho y aprecio todos los momentos que comparto con ellos.

¿Por qué escribir un libro?

Decidí escribir un libro para ayudar a las personas que han perdido a un animal de compañía a afrontar el duelo por su pérdida, ya que sé por experiencia propia lo doloroso que puede ser la pérdida de una relación tan cercana.

Con mi experiencia y las investigaciones que he hecho a lo largo de los años espero poder ayudarte a superar esta pérdida tan íntima y a comprender que es perfectamente normal estar en duelo por esta muerte.

Además, me gustaría informarle a la gente sobre todo lo que he ido aprendiendo en estos años, ya que existen pocos recursos para afrontar el duelo por la pérdida de un animal de compañía en español.

Introducción

¿Has perdido recientemente a tu querido animal de compañía?

¿Tienes un peludo que está enfermo y puede que no se recupere?

¿No conoces muy bien las emociones qué estás sintiendo?

¿Te preocupa que estas emociones no sean normales o saludables?

¿Estás preparado para adoptar a otro peludo?

Mis clientes a menudo me preguntan cómo pueden sanar las heridas en sus corazones. Les comparto los mismos pasos que comparto en este libro.

Tu animal de compañía ha tenido un gran impacto en tu vida. Afrontar el duelo no consiste en olvidarlo. Se trata de comprender, apreciar y agradecer lo que te aportó mientras estaba vivo.

Este libro te acompañará a cruzar los cinco pasos para sanar las heridas en tu corazón. Además, te ayudará a comprender los mitos sobre este proceso.

Es importante hacer el duelo tras la muerte de tu animal de compañía, para que puedas, finalmente, celebrar su vida.

Hay cinco pasos sencillos que puedes realizar para empezar.

Es normal que te sientas triste y eches de menos a tu peludo tras su muerte.

Apreciar los recuerdos que compartisteis es parte del proceso de sanación.

Asimismo, es importante aprender y encontrar el apoyo de otras personas.

Tengo mucha experiencia profesional con los animales. He trabajado como terapeuta especializado en el tratamiento del duelo animal y he sido voluntario en varias protectoras durante varios años. He ayudado a muchas personas a afrontar el duelo y el dolor por una pérdida tan íntima.

En este libro, te ayudaré a sanar el vacío en tu corazón que ha dejado la pérdida de tu fiel y amado compañero. Por último, estoy contigo, amigo mío, y recuerda que nunca estarás solo en este momento tan difícil.

Paso 1: Comprender qué estás experimentando

Es importante que comprendas tus emociones si quieres empezar a sanar tu corazón. Si te acaban de decir que tu peludo tiene una enfermedad terminal, si ha llegado al final de su vida o si se ha ido hace tiempo, este capítulo te ayudará a afrontar el dolor. He comprobado que, una vez que entiendas qué estás experimentando, puedes volver a encontrar la esperanza. Este capítulo te ayudará a empezar este proceso.

Manifestaciones comunes del duelo

El duelo puede manifestarse físicamente, emocionalmente, socialmente, conductualmente y espiritualmente.

Las manifestaciones físicas del duelo pueden ser: llanto, suspiros, dolores de cabeza, dolores de estómago, palpitaciones, trastornos del sueño, bostezos frecuentes, trastornos alimenticios, inquietud, letargo, irritabilidad, dolores y tensión muscular.

Las manifestaciones emocionales del duelo incluyen: añoranza, tristeza, miedo, ansiedad, desesperanza, frustración, arrepentimiento, pánico, ira o culpa. Estas emociones y muchas otras son normales tras una pérdida. Por ejemplo, puedes estar enfadado con Dios por la muerte de tu peludo, puedes culparte a tí mismo por la pérdida o arrepentirte de haber hecho algo.

Las manifestaciones conductuales del duelo incluyen: pérdida de interés en comer o socializar, irritabilidad, impaciencia o enojo. Otros cambios de comportamiento que causa son: inquietud, no hacer ejercicio, falta de concentración, comer demasiado, fumar y consumir mucha cafeína. Estos cambios pueden empeorar aún más los efectos del duelo.

Las manifestaciones sociales de duelo suelen ir unidos a los cambios de comportamiento, ya que el hecho de sentirse aislado y de preferir estar a solas crea dificultades para empezar una conversación con otras personas. De igual manera, si sueles disfrutar de la compañía de los demás, puede que ahora te sientas alejado del mundo, apartado de la familia, los amigos y tu comunidad.

Las manifestaciones espirituales o religiosas del duelo pueden ser: cuestionar tu fe o tus creencias, intentar comprender el motivo de la pérdida y de tu sufrimiento y, hasta conocer el significado de la muerte.

Ten en cuenta que los cambios y los rasgos mencionados anteriormente son completamente normales y forman parte del proceso de duelo.

Como puedes ver, el duelo puede manifestarse de diferentes maneras. Tiene vida propia. Es un proceso que no se puede controlar ni predecir. Puedes empezar tu proceso de sanación haciendo lo siguiente:

Lleva una lista diaria de las emociones que experimentas y anota los cambios que ocurren cada día.

2

Paso 2: Saber cómo evoluciona el duelo

El siguiente paso para sanar tu corazón es saber cómo evoluciona el duelo.

A medida que el duelo se desarrolla con el paso del tiempo, muchas personas se dan cuenta de que sigue una trayectoria y aprenden a adaptarse.

Ten en cuenta que es una experiencia única, y es posible que no sigas exactamente la misma trayectoria que se describe a continuación.

Lo que estás experimentando es completamente normal, así que debes ser compasivo contigo mismo.

Nunca compares lo que estés experimentando con otra persona.

Por lo general, así es como evoluciona el duelo a lo largo del tiempo:

1. Conmoción y negación: incapacidad para procesar lo sucedido.

"No puedo creerlo".

2. Dolor y culpa: el dolor se manifiesta físicamente y duele bastante. Además, nos culpamos por lo que hicimos o dejamos de hacer.

"Si tan solo hubiera hecho o no hubiera hecho...".

3. Ira y negociación: la ira es un mecanismo de defensa natural, el cual se activa cuando perdemos a un ser querido. Además, intentamos hacer cualquier cosa para cambiar lo ocurrido.

"Me siento tan enojado por..." o "Espero que todo esto sea solamente una pesadilla".

4. Tristeza, reflexión y soledad: la tristeza es una reacción natural ante una pérdida, la cual puede hacer que reflexionemos sobre el pasado y que nos sintamos solos.

"Me siento tan solo, nadie entiende lo que me está pasando, la gente intenta minimizar mi dolor. No puedo hablar con nadie".

5. Adaptarse a la vida: a medida que pasa el tiempo, nuestra vida crece en torno a la pérdida, la cual representa una parte más pequeña de nuestra vida cotidiana, pero, su importancia nunca

disminuye. Crecemos, con el tiempo, en torno al duelo.

"Siento que estoy mejorando, el dolor a veces me golpea bastante fuerte, pero golpea con menos frecuencia y duele un poco menos a medida que pasa el tiempo. Es un recordatorio de que jamás olvidaré a mi mejor amigo".

6. Aceptar tu nueva normalidad: seguimos adelante, pero siempre recordaremos a nuestros peludos, nunca nos olvidaremos de ellos. También, aprendemos a vivir con nuestro dolor.

"Ha pasado bastante tiempo, siento que he avanzado, pero me alegro de haber podido compartir una parte de mi vida con mi peludo, siempre lo llevaré en mi corazón".

Si deseas conocer más detalles sobre cómo evoluciona el duelo, puedes encontrar más información en mis otros **libros sobre la pérdida de un animal de compañía**. En mi opinión, saber qué puedes esperar en el futuro y qué puedes hacer si necesitas ayuda, te preparará para futuros cambios.

En el próximo capítulo, aprenderás cuáles son los mitos más comunes sobre el duelo por la pérdida de un animal de compañía.

Puedes contestar las siguientes preguntas para continuar tu proceso de curación:

¿Cómo te sientes en este momento? ¿En cuál fase de la lista anterior te encuentras? ¿Estás en el principio, el final o tu experiencia ha sido completamente diferente?

3

Paso 3: Desmentir algunos mitos del duelo

Durante mucho tiempo han existido mitos sobre el duelo. Algunos no son perjudiciales para tu proceso de recuperación, sin embargo, hay otros que, indudablemente, pueden obstaculizarlo. Es importante saber que simplemente son mitos. Por desgracia, hay muchas personas que creen que son ciertos.

A continuación, vamos a analizar y desmentir 12 mitos comunes sobre el duelo:

Mitos del duelo

Mito #1: *Para qué llorar la muerte de un animal cuando nuestro mundo está tan lleno de sufrimiento humano.*

Verdad: Puedes llorar la muerte de ambos.

Amas los animales. Esto es evidente porque tu peludo era importante para ti. Creaste un vínculo emocional profundo. La pérdida de tu animal de compañía te ha generado una gran cantidad de dolor y angustia. Es importante recalcar que puedes estar triste tanto por los animales como por las personas. Estar triste por uno no excluye estar triste por el otro. Amamos a nuestra familia, a nuestros amigos y a nuestros peludos. Podemos llorar la pérdida de cualquiera. De hecho, al llorar y lamentar la muerte de tu animal de compañía, estas mostrando compasión por tus seres queridos. Tienes una gran cualidad personal. Al darte cuenta de que tu corazón es capaz de tanto amor, te dará una capacidad increíble para amar de nuevo, tanto a los animales como a los seres humanos.

Mito #2: *Para superar el duelo, hay que pasar por una serie de etapas.*

Verdad: No hay que pasar por una serie de etapas preestablecidas para superarlo.

El duelo no sigue una serie de etapas preestablecidas. Incluso las personas que idearon las distintas teorías sobre las etapas o fases afirman que se pueden experimentar todas, algunas o ninguna de estas etapas. Solo son generalizaciones sobre cómo tiende a manifestarse. Estar afligido es una reacción natural a la pérdida. Por esta razón, no hay una manera correcta o incorrecta de pasar por este proceso. Simplemente te adaptas con el tiempo. Pero, hay muchas maneras de mejorar la situación y adaptarse al dolor.

Mito #3: *Hay maneras correctas e incorrectas de afligirse.*

Verdad: No existen formas "correctas" o "incorrectas" de afligirse.

Cada persona se aflige de una forma distinta. Tu vínculo con tu peludo era único y muy especial. Es lógico que tu luto también sea único y especial. Cada persona tiene un vínculo distinto con su animal de compañía, por lo tanto, cada persona sufre de una manera distinta. Una persona puede sentir una profunda tristeza, mientras que otra puede sentir un enojo intenso por lo ocurrido. Tu proceso de duelo es único y personal, no intentes cambiarlo ni seguir el ejemplo de nadie. Cómo te afliges dependerá de tu personalidad, la personalidad de tu compañero, cómo ocurrió la muerte, o en algunos casos, la desaparición, y de cómo afrontas situaciones similares.

Mito #4: *Es mejor afrontar el duelo solo, especialmente porque no se ha perdido a un humano.*

Verdad: Cuando estamos en duelo, necesitamos apoyo, consuelo y cariño.

Por lo general, preferimos no angustiar a los demás innecesariamente. Muchas veces nos dicen que es mejor no expresar nuestra tristeza. Todos intentamos poner una cara feliz ante cualquier situación. Pero, somos un animal social, por esta razón buscamos consuelo y apoyo. Reprimir nuestras emociones puede crear consecuencias a largo plazo. Es importante hablar con personas que puedan apoyarnos sin que nos juzguen. Estamos predispuestos a buscar apoyo, mientras que si nos juzgan (lo que en realidad es una crítica), pueden dañar nuestra autoestima. Es importante que sepas que nadie debería juzgarte por llorar la muerte de tu peludo. Cuando ocurre una pérdida, es un momento en el cual el apoyo y el consuelo son vitales. Es importante que elijas con cuidado a las personas con las que buscas apoyo, ya que algunas no entienden ni se toman en serio la muerte de un animal de compañía. Busca un grupo de apoyo, un amigo o un familiar que sea compasivo al escucharte compartir tu dolor. Necesitas personas que no te juzguen o critiquen por algo tan importante.

Mito #5: *Tengo que ser "fuerte" para poder superar una muerte.*

Verdad: En el duelo, no existe el concepto de "ser fuerte" o "ser débil". Lo mejor que puedes hacer es expresar tus emociones y llorar cuando sientes la necesidad.

Se nos enseña que para parecer fuertes e independientes, no debemos expresar nuestros sentimientos. Nuestra sociedad generalmente piensa que las personas que expresan sus emociones son débiles, especialmente si se trata de la pérdida de un animal. Sin embargo, llorar es perfectamente normal y no es una señal de debilidad. De hecho, hace falta mucha fuerza para aceptar y afrontar las emociones generadas por el duelo. Siente las emociones, las sensaciones físicas y los desafíos espirituales que estás experimentando. Te sientes así porque ha sucedido algo trágico, no hay necesidad de que cargues esta responsabilidad. Expresar tus emociones puede ayudarte bastante. Al expresarlas, ayudas a desmentir el mito de que el duelo por la pérdida de un animal de compañía no es algo serio. Porque cuando expresas tu dolor, estás mostrando tu amor.

Mito #6: *El duelo simplemente desaparecerá con el tiempo.*

Verdad: Mantenemos una conexión con todos los que hemos perdido durante el resto de nuestra vida.

Podemos y, por lo general, mantenemos un vínculo continuo con cualquier persona o animal que amamos. Conservamos nuestros recuerdos, y nutren nuestro propio ser. Nuestros peludos pasan a formar parte de nuestra vida. Son parte de nuestra propia historia personal. No podemos, en realidad, separarnos de ellos. Han dejado una huella imborrable en nuestra trayectoria vital.

Algunas personas tienen momentos extraordinarios en los que sienten una conexión profunda, como un sueño o un momento en el que sienten su presencia. Estos momentos pueden ser difíciles de describir, pero nos acordamos de ellos. Podemos sentir otros lazos en nuestras creencias espirituales. Algunos creen que existe el más allá. Otros creen que algún día, en alguna vida futura, nuestros espíritus se volverán a conectar de alguna manera.

Nunca perderás por completo el vínculo con tu peludo. Permanecen con nosotros, en nuestros corazones. De hecho, un aspecto importante del duelo es decidir cómo seguir con estos recuerdos y sentimientos de manera que te permitan seguir adelante.

Siempre tendrás estos recuerdos, pero tu tristeza cambiará con el tiempo, llegará un momento en el que te sentirás feliz nuevamente. No intentes acelerar tu proceso de duelo. Toma tiempo. La paciencia y no juzgarse a sí mismo son cruciales para recuperarse de una pérdida desgarradora. El objetivo no es superarlo del todo. Nunca dejaremos de llorar su muerte, pero aprenderemos a superar la dolorosa experiencia recordando los buenos momentos juntos.

Mito #7: *Nadie entiende por qué estoy haciendo luto por mi animal de compañía, estoy solo en este momento tan difícil.*

Verdad: No tienes que estar solo durante este momento, hay personas que te pueden apoyar.

Puede que a veces te sientas solo tras haber perdido la compañía de tu peludo. Puedes sentir que los demás no entienden lo que te está pasando. Hay personas (incluso amantes de los animales) que dicen: "*Hay tantos animales que necesitan un hogar. Esta tragedia es una lástima, pero no es la primera vez que ocurre*". Pero, recuerda que no estás solo en tu dolor. Al principio puede ser difícil encontrar a una persona que te apoye. Hay muchos grupos de apoyo que pueden acompañarte en las distintas etapas de tu vida, incluso cuando atraviesas un momento tan difícil como este. Hablaremos sobre esto con más detalle en un capítulo posterior.

Mito #8: ***El duelo por la pérdida de un animal de compañía desaparecerá con el tiempo.***

Verdad: No hay un final definitivo para este proceso.

He recibido muchas llamadas y muchos correos electrónicos de clientes poco después de la muerte de su animal de compañía, incluso de clientes muchos años después de que ocurriera. Suelen sentir una enorme tristeza, lo único que quieren es que desaparezca. Puede ser difícil superar el duelo. Pero, se necesita tiempo. Suele durar más de lo que esperamos. Para que el proceso de duelo sea eficaz, debes ser activo y comprometido. Dejar que tus emociones fluyan es muy importante para tu bienestar. Si crees que estos sentimientos desaparecerán si los ignoras, estás equivocado. Reprimir los sentimientos solo generará problemas más adelante. Aunque, el duelo cambiará con el tiempo, puede tardar más de lo anticipado. Suele sorprenderte cuando menos lo esperas. Es mejor reconocerlo, procesarlo y sentirlo activamente, antes que reprimir y esperar que desaparezca.

Mito #9: *Cuando supere el duelo, no volverá.*

Verdad: Aunque es un proceso que puede tomar su tiempo, es importante recordar que puede surgir de nuevo.

Es normal que un profundo sentimiento resurja de vez en cuando, incluso años después de la muerte. El dolor nunca desaparece del todo. Algunos de mis clientes me dicen que se alegran cuando su dolor resurge después de unos meses o varios años, porque les da la oportunidad de decirles a sus animales de compañía *"te quiero"* y *"no te he olvidado"*. Si has perdido a tu compañero recientemente o si estás empezando a aceptar tus sentimientos por su muerte, ten en cuenta que lo más probable es que te sientas de manera distinta en distintos momentos del proceso de duelo.

Mito #10: *No debería sentir alivio por la muerte de mi peludo.*

Verdad: Fue por su bien. Seguramente no hubiera querido seguir sufriendo.

Si tu querido compañero estaba sufriendo, es posible que hayas sentido alivio una vez que haya fallecido. Si ha llegado al final de su vida, seguramente no querrá seguir sufriendo. Prolongar su dolor y sufrimiento para retenerlo un poco más sería injusto. Con razón, muchas personas sienten una gran tristeza y dolor cuando su vida termina. Puede ser muy agotador, tanto físicamente como emocionalmente. La angustia puede causar desesperación e impotencia. Te sientes aliviado de que su sufrimiento haya concluido. Eso es una expresión de amor puro, no algo de lo que avergonzarse.

Mito #11: *Es malo tener momentos en los que te sientas alegre cuando tu compañero tiene una enfermedad terminal.*

Verdad: Es normal tener momentos en los que te sientes alegre. Solamente significa que tu cuerpo se está tomando un descanso del estrés, el dolor, la ansiedad y la tristeza.

Acabas de recibir una noticia devastadora. Tu querido amigo está enfermo, y tal vez el veterinario determinó que solo le queda una semana de vida.

Quizá piensas que está mal tener momentos en los que te sientas feliz. De hecho, probablemente estás experimentando varias emociones diferentes. Y eso está bien.

Pero, también está bien sentirse alegre en algunos momentos, incluso cuando estás de duelo. Es saludable y no significa que te estés olvidando de lo que le ha ocurrido a tu peludo. La alegría es una respuesta natural y un mecanismo de supervivencia que permite que la sanación comience.

Mito #12: *Debería avergonzarme si me siento aliviado de que el dolor y el sufrimiento de mi peludo terminarán pronto.*

Verdad: Es normal sentir alivio si crees que tu peludo dejará de sufrir pronto. Estás expresando

lo que expresaría tu compañero al ser aliviado de su dolor y sufrimiento.

Si tu animal de compañía está sufriendo, puedes sentir algo de alivio cuando muera. Si llega el momento en que ha llegado al final de su vida, puedes estar seguro de que se alegrará cuando ya no tenga que seguir sufriendo. Prolongar su dolor y sufrimiento innecesariamente sería injusto. Muchas personas sienten una gran tristeza y dolor cuando termina la vida de su peludo. Esto puede ser agotador, tanto físicamente como emocionalmente. La angustia puede hacer que te sientas desesperanzado e impotente. Sentirse aliviado o incluso feliz, son sentimientos que estás expresando por tu compañero. Estás aliviado y feliz porque su sufrimiento ha terminado. Esa es una expresión de amor puro, no algo de lo que avergonzarse.

Los mitos que acabo de exponer son los más comunes. Algunas personas bienintencionadas te quieren dar consejos sobre cómo superar el duelo, pero, no se dan cuenta que lo que están diciendo es simplemente un mito. Sus comentarios podrían crear malentendidos.

Por favor revisa estos mitos y su refutación. Te ayudará a prepararte para la cantidad de pensamientos y sentimientos que experimentarás y los comentarios insensibles de los demás.

En el próximo capítulo, comenzarás a aprender por qué es importante llorar la muerte de tu peludo. Además, me gustaría que hicieras lo siguiente para continuar tu proceso de curación:

Elige uno o dos mitos que hayas pensado que eran ciertos, y luego con tus propias palabras, explica por qué no son ciertos.

4

Paso 4: Sanar tras una pérdida tan profunda

El duelo es una reacción natural que experimentamos tras una muerte. La tristeza y el profundo dolor son mecanismos de la mente y el cuerpo para sobrellevar este acontecimiento. Se necesita tiempo para procesar el duelo, por lo que debemos tener paciencia.

Por un lado, si la muerte de tu peludo fue repentina o inesperada, puedes durar bastante tiempo en procesar y comprender plenamente lo sucedido.

Por otro lado, si estaba enfermo antes de morir y la muerte fue anticipada, tu duelo será diferente. La pérdida de tu amado compañero supone la pérdida de un ser querido y de una parte de tu vida.

El luto es nuestra manera de expresar el dolor y la pena causados por una muerte. Es importante sentir los sentimientos que vienen con este proceso. Además, es importante expresarlos y llorar sin sentir vergüenza.

Por qué el luto es tan importante

Tras la pérdida de tu peludo, seguramente estás sintiendo las emociones que genera el duelo. Cuando nuestro proceso de aflicción comienza, iniciamos un proceso natural que nos ayuda a sobrellevar este terrible vacío que estamos sintiendo en nuestro interior. El luto es la expresión externa de nuestro dolor y pena.

Al sentirlos, obtenemos un entendimiento más profundo de cómo nos ha impactado la pérdida.

A veces recordarás los momentos que compartiste con tu querido compañero. Llegarás a comprender lo profundo que era el afecto y el amor que sentías por él. Recordar a los que hemos perdido, expresar nuestros sentimientos y ser capaces de hablar con los demás nos ayudará en nuestro proceso de duelo.

Aunque esta experiencia puede ser increíblemente devastadora, es una oportunidad para descubrir más sobre tu propia identidad. Los animales son maestros hábiles y quizá sea el momento de reflexionar sobre las lecciones que nos han enseñado.

El duelo es un proceso difícil, pero puede ayudarte a comprender mejor lo que has perdido, lo que has aprendido y la mejor manera de seguir adelante. Tu peludo te era fiel, y tú le eras fiel a él. Es totalmente apropiado llorar la pérdida de un vínculo tan cercano.

Distintas formas de celebrar la vida de tu peludo

Un funeral para mascotas, una conmemoración y/o crear un recuerdo de tu peludo son tres maneras distintas de llorar la muerte de tu querido compañero.

Siento mucha alegría cuando escucho las historias de mis clientes y cómo crearon hermosas ceremonias para sus animales de compañía.

Aunque el luto es un momento solemne y triste, crea momentos profundos y espirituales.

Hay muchas formas de celebrar la vida de tu amigo. Cuando estés preparado para este paso, te cambiará la vida.

En el siguiente y último paso voy a mostrarte un ejercicio encantador e increíblemente curativo: escribir una carta de amor a tu fiel compañero. Al hacer esto vas a mantenerlo en tu corazón y en tu alma. Por último, me gustaría que contestaras la siguiente pregunta:

¿Cómo te gustaría celebrar la vida de tu compañero: hacer un funeral, celebrar una conmemoración o crear un recuerdo?

5

Paso 5: Celebrar tu amor

Una de las tareas más importantes que le sugiero a muchas personas, es escribir una carta de amor, en la cual expresen cuánto quieren y echan de menos a su peludo. Es una forma muy especial de curar su dolor y de expresar su amor.

Escribir una carta es una manera de expresar tus sentimientos, recuerdos y gratitud por todos los momentos que compartiste con tu fiel amigo. No importa la cantidad de tiempo que haya pasado tras la muerte, escribir una carta de amor es una manera maravillosa de ayudarte a superar el duelo.

Esta carta es un homenaje cariñoso a tu peludo. Estás declarando tus pensamientos y/o sentimientos.

Cuando escribas tu carta, ten en cuenta que no hay una forma correcta o incorrecta de expresar tu amor. Las palabras vienen de tu corazón, inspiradas en la relación que tuviste con tu animal de compañía.

Ten en cuenta que esta carta es solo para ti, así que cuando la escribas no te preocupes por la ortografía o cómo la escribes. La carta será una expresión de amor y agradecimiento. Incluye cualquier cosa que pienses que sea necesario para completarla.

Si deseas obtener más orientación sobre cómo escribir tu carta de amor, puedes encontrar consejos y ejemplos en mis otros **libros**.

Para darte un ejemplo de cómo debe ser la carta de amor, me gustaría que leyeras la siguiente carta que escribió Beatriz cuando murió su querida gata, Clara.

Carta de amor de Beatriz a Clara

Atesoro todos esos momentos en los que me hiciste tan feliz. He perdido la cuenta de la cantidad de veces que llegué a casa después de un día difícil, y estabas tan feliz de verme sin que importara mi estado de ánimo.

Un cuerpo tan pequeño guardaba un alma tan grande. No puedo expresar con palabras cuánto aprecio tu ayuda, tu cariño y tu amor incondicional. Te respeto, amo y, sobre todo, te extraño. Estoy muy agradecida por el tiempo que pasamos juntas. Atesoraré cada recuerdo que tengo con profundo cariño y gratitud.

Espero que nuestras almas se vuelvan a encontrar algún día. Te extraño tanto.

Extraño tu presencia, extraño saber que estás cerca, en la casa o en el jardín. Extraño tocarte, extraño tu olor, cómo te sentabas y caminabas, cómo te dabas la vuelta y ofrecías tu barriga. Extraño peinarte con tus cepillos favoritos. Sabías que eras amada. Extraño verte mientras dormías, parecías una bola peluda, tu cuerpo expandiéndose y contrayéndose suavemente mientras respirabas. Extraño verte levantar las patas delanteras en el aire justo antes de que cogieras uno de tus juguetes. ¡Te extraño tanto!

Beatriz se dio cuenta que este ejercicio es una forma poderosa y terapéutica de procesar su dolor. Leía su carta en voz alta para sí misma y descubrió que esto la ayudó a superar cualquier sentimiento de culpa o negación sobre la muerte de su peluda.

Espero que mientras escribes tu carta sientas una conexión profunda con tu peludo, y que este ejercicio te ayude a continuar sanando tu corazón.

Por último, me gustaría que hicieras lo siguiente:

Escribe los recuerdos y todo lo que le quieres decir a tu querido compañero. A continuación, comienza a escribir tu carta de amor.

6

Los beneficios de la escritura terapéutica

Escribir un diario de duelo es un método muy eficaz de afrontar el duelo. Por un lado, te ofrece una forma sencilla de afrontarlo que solo requiere un bolígrafo y un papel (o un ordenador o una tableta). Por otro lado, llevar un diario de duelo tiene muchos beneficios psicológicos y físicos.

Sin embargo, esta es una actividad infrautilizada. Muchas personas que les gustaría escribir un diario no lo hacen porque no saben cómo hacerlo o están muy ocupados.

Comprometerse con una actividad que hay que realizar frecuentemente puede ser difícil, ya sea escribir, hacer ejercicio, meditar, estudiar, etc.

Estas rutinas requieren motivación, energía y dedicación, que, por lo general, faltan cuando se está de duelo. Además, escribir sobre vivencias dolorosas puede ser una actividad abrumadora.

Sin embargo, la escritura tiene un valor terapéutico evidente. Aunque, puede ser un reto integrar esta práctica en tu vida diaria. Así que, para ayudarte a integrarla, vas a ver por qué puede ser tan beneficiosa y por qué merece la pena dedicarle tiempo y esfuerzo.

Escribir sobre las emociones ayuda a curar las heridas emocionales

Escribir sobre el duelo te ayudará a analizar tus recuerdos y vivencias relacionadas con la pérdida, en lugar de evitarlas. En este caso, cuando hablamos de evitación, solemos referirnos a lo que se denomina evitación experiencial. La evitación experiencial es el intento de bloquear, reducir o cambiar pensamientos, emociones o sensaciones corporales desagradables.

Las personas que están en duelo suelen afrontar recuerdos traumáticos y experimentar emociones dolorosas. Por estas razones, no es de extrañar que muchas personas decidan evitar los desencadenantes relacionados con la pérdida: personas, lugares y cosas, en un intento de lograr una apariencia de "normalidad".

La evitación puede ser útil si solamente se hace pocas veces, ya que te da un descanso del dolor. Pero, si evitas frecuentemente recuerdos o emociones, con el tiempo, pueden surgir problemas de salud. Los recuerdos y las emociones dolorosas no suelen desaparecer por sí solos. Por lo tanto, si los evitas de forma continuada, no desaparecerán con el tiempo, y nunca aprenderás a afrontarlos.

Hasta es posible que haya ciertos recuerdos y emociones que nunca van a desaparecer. Por tal razón, es importante aprender a funcionar de forma saludable aún teniendo dichos recuerdos y emociones.

Los beneficios de escribir un diario para la salud física

En una investigación científica llevada a cabo por James W. Pennebaker y Joshua M. Smyth, se ha descubierto que escribir sobre vivencias difíciles y traumáticas, ayuda a "liberarlas". Observaron que sus participantes experimentaron cambios en su estilo de escritura, en su voz y en su ritmo al expresar detalles intensos sobre sus experiencias difíciles o traumáticas.

Pero, además, cuando investigaron las implicaciones fisiológicas, descubrieron algo muy interesante.

Cuando los participantes escribían sobre su dolor o trauma, sus respuestas físicas al estrés (procesos como el ritmo cardíaco y la presión sanguínea) aumentaron considerablemente, pero, cuando midieron sus respuestas al estrés después de que los participantes terminaran de escribir, observaron que habían bajado a niveles más bajos, incluso a niveles más bajos que cuando comenzaron el estudio.

Estos resultados se han reproducido en otros estudios de seguimiento. En otro estudio se crearon dos grupos de pacientes que habían sufrido un ataque cardíaco: el primer grupo escribió sobre sus pensamientos y sentimientos sobre el ataque cardíaco y el segundo escribió sobre otros temas.

El primer grupo requirió una dosis más baja de los medicamentos que estaban tomando, tuvo menos síntomas cardíacos y una presión arterial diastólica más baja que el segundo grupo, y continuó de esta manera durante los siguientes cinco meses.

En otro estudio se trabajó con personas con asma o artritis reumatoide que se dividieron en dos grupos. Al primer grupo se le pidió que escribiera sobre la vivencia más traumática de su vida y al segundo grupo que escribiera sobre algo neutral y benigno. Los resultados fueron bastante sorprendentes. En el primer grupo, los participantes que tenían asma presentaron mejoras evidentes en su función pulmonar y los que tenían artritis mostraron mejoras significativas en la salud de sus articulaciones, mientras que los participantes del segundo grupo no experimentaron estos beneficios.

El aspecto más interesante de estos estudios fueron las mejoras tan evidentes. Las personas que participaron en estos estudios científicos, mostraron mejoras funcionales similares a las de tomar un medicamento nuevo. Estudios como estos se han repetido con personas que padecen otras enfermedades, y han tenido resultados similares.

Los beneficios de escribir un diario para la salud psicológica

En otras investigaciones también se ha observado que la escritura terapéutica mejora la salud psicológica. Por ejemplo, se ha comprobado que reduce los síntomas de la depresión y la ansiedad.

Llevar un diario mejora la calidad del sueño

El duelo suele afectar el sueño. Por ejemplo, algunos dolientes duermen demasiado, otros sienten que duermen muy poco y otros se quedan despiertos por la noche mirando al techo pensando sobre lo ocurrido.

Las investigaciones han descubierto que escribir o hablar sobre las preocupaciones, inquietudes u otros pensamientos negativos antes de irse a la cama, puede ayudar a manejar este tipo de pensamientos, ayudar a los dolientes a conciliar el sueño y mejorar la calidad de su sueño. También, mejora el funcionamiento general del cuerpo.

La escritura y el proceso de duelo

Escribir puede ayudarte en el proceso de duelo y en la sanación de heridas emocionales. Esto se debe a que la escritura te permite:

1. Expresar tus emociones de una manera sana y productiva.

2. Procesar tus pensamientos.

3. Examinar el impacto físico del dolor en tu cuerpo.

4. Manifestar y procesar tus preguntas y dudas espirituales en un entorno seguro.

5. Exteriorizar tus frustraciones de manera honesta.

6. Analizar y trabajar tus pensamientos y temores sobre el futuro.

Además, escribir puede convertirse en un hábito poderoso, que te ayuda a afrontar las complicaciones de la vida.

Por último, te puede dar esperanza, en un periodo tan desesperanzador.

Escribir sobre las emociones que genera el duelo

En este apartado vamos a analizar cómo las emociones más comunes que genera el duelo nos afectan, y luego se plantean algunas preguntas de reflexión, para que puedas escribir sobre dichas emociones.

Las emociones abrumadoras

Después de una pérdida, solemos experimentar emociones poderosas. Pueden ser tan intensas que empiezan a dominar nuestras vidas y rutinas.

Estas emociones se abaten sobre nosotros como las olas del mar. Algunas olas son más pequeñas y nos golpean con menos fuerza. Mientras que otras son más grandes y nos golpean con bastante fuerza.

En nuestro mundo cotidiano, nuestro estado de ánimo es muy importante. Cómo nos sentimos en el momento presente tiende a determinar lo que hacemos y cómo. Tras una pérdida, las emociones se sienten con más fuerza. Además, las personas afligidas suelen sentirse agotadas emocionalmente.

Pregunta de reflexión

En una hoja de papel, en un diario o en tu teléfono, tableta u ordenador, haz una lista de los sentimientos y emociones que has experimentado. Entre todos los sentimientos y emociones que has anotado, ¿cuáles han sido han sido los más complicados de sobrellevar?

La tristeza

La tristeza es la emoción más común en el duelo. Has sufrido una pérdida muy íntima, es normal sentirse triste.

Puede sentirse como un dolor punzante en el corazón o puede sentirse como un dolor constante. Por esta razón es muy importante procesar esta emoción.

Preguntas de reflexión

1. ¿Cómo describirías tu tristeza?

2. Piensa en algunos de los momentos en los que te has sentido triste desde que ocurrió la pérdida. Luego, describe algunos de estos momentos.

La añoranza

A medida que pasa el tiempo, añoramos la compañía de nuestro peludo. Queremos volver al pasado.

Siempre hay algo que nos recuerda a nuestro compañero. Expresar los anhelos que tienes es saludable y sanador. Deja que tu corazón hable.

Preguntas de reflexión

1. Cuando piensas sobre la pérdida, ¿qué anhelas volver a tener?

2. Cuando piensas en lo que anhelas, ¿qué es lo que recuerdas?

3. Escoge un recuerdo importante, después descríbelo. No lo evalúes ni lo cambies. Solamente tienes que describirlo. Deja que tu corazón hable.

El miedo

Inmediatamente después de una pérdida, entramos en un estado de conmoción. Estamos aturdidos. A medida que pasa el tiempo nos preguntamos qué va a ocurrir tras este hecho tan impactante. Hasta puedes sentir impotencia.

Somos conscientes de que cualquier cosa puede ocurrir en cualquier momento. Aquí es cuando el miedo empieza a surgir.

El miedo puede ser una emoción poderosa. A veces, puede abrumarnos y apoderarse de nuestras vidas. Esta emoción puede convertirse en el motivador invisible de nuestros pensamientos y decisiones.

Suele formar parte del proceso de duelo. Como tal, necesita ser reconocido, identificado y expresado. Expresar lo que ocurre en nuestro interior nos ayuda a procesarlo y liberarlo con el tiempo.

Pregunta de reflexión

1. Haz una lista de tus temores, ¿cuáles son los que más te perturban?

La ansiedad

Cuando sufrimos una pérdida, experimentamos ansiedad. Nuestra vida ha cambiado. Este hecho es impactante y desconcertante.

Muchas personas afligidas sufren ataques de ansiedad o de pánico.

Controlar la ansiedad generada por el duelo puede ser un reto. La clave es recordar que no estamos solos. La ansiedad es natural y extremadamente común para quienes están en duelo.

Respirar profundamente es una sencilla habilidad que puede ayudarnos a controlar la ansiedad. Si quieres saber más, puedes consultar el capítulo sobre esta actividad tan beneficiosa.

Preguntas de reflexión

1. ¿Qué te hace sentir ansioso? Haz una lista.

2. Cuando te sientes ansioso, ¿qué tiendes a hacer después? ¿Cómo manejas esta ansiedad?

La ira

La ira es una emoción poderosa. Vemos sus efectos negativos en el mundo y en nuestro propio pasado. También, muchas personas quieren saber cómo manejarla.

La ira es simplemente una emoción. Como tal, es neutral. Sin embargo, la forma en que manejamos y expresamos nuestra ira puede ser positiva y sanadora o negativa y dañina.

Esta emoción adopta muchas formas. Por ejemplo, se puede manifestar como angustia, frustración, impaciencia, irritabilidad, silencio, depresión, hábitos insalubres y adicciones.

Estamos programados para amar y ser amados. Cuando nuestro animal de compañía muere o desaparece, nos sentimos profundamente tristes. Aunque sabemos que la muerte y la separación ocurren, pero, por lo general, esto no nos ha ocurrido antes.

Para poder manejar la ira, el primer paso es reconocerla. Encontrar formas saludables de expresarla será importante en tu proceso de duelo.

Preguntas de reflexión

1. ¿Cuándo sueles enfadarte?

2. ¿Cómo sueles expresar tu enfado?

El entumecimiento emocional

El duelo puede agotarnos emocionalmente. Al igual que un circuito eléctrico, nuestros corazones pueden sobrecargarse, y nuestros sentimientos pueden apagarse temporalmente.

La mayoría de las personas afligidas experimentan una sensación de entumecimiento de vez en cuando. Esto es natural e incluso saludable. Aunque este sentimiento puede ser molesto e incómodo, puede protegernos. Necesitamos descansar de la intensidad del dolor.

Al igual que con otros aspectos del duelo, reconocer lo que ocurre en nuestro interior es el primer paso para procesarlo.

Preguntas de reflexión

1. Si te has sentido entumecido anteriormente, describe cómo fue sentirte de esta manera.

2. Cuando te sientes entumecido, ¿qué sueles hacer?

3. ¿Cómo esta emoción afecta tu vida y tu rutina?

La depresión

La carga emocional del duelo puede ser pesada. Experimentamos una amplia variedad de emociones. A veces, puede que no sintamos nada. Otras veces nos damos cuenta que nuestro mundo ha cambiado. Incluso sentimos que nosotros mismos estamos cambiando. No queremos vivir en esta nueva realidad. Todo esto puede ser deprimente.

La mayoría de los dolientes experimentan depresión en su viaje de duelo. En la mayoría de los casos, esta depresión es temporal.

¿Cómo sabes si estás deprimido? Estos son algunos de los signos típicos de depresión temporal que pueden experimentar las personas en duelo:

Una sensación continua de tristeza

Llantos frecuentes

Falta de concentración

Falta de motivación

Pérdida de placer

Retirarse de las actividades habituales o normales

Soledad y aislamiento social

Desesperanza

La depresión temporal puede aparecer y desaparecer a lo largo del proceso de duelo. Es fundamental expresarla y procesarla.

Preguntas de reflexión

1. Si te has sentido deprimido desde la pérdida, describe cómo fue sentirte de esta manera.

2. Si estás deprimido, ¿qué crees que te puede ayudar a afrontar la depresión?

Conclusión

La pérdida es muy dolorosa. El duelo es desafiante y agotador. Procesar el dolor interior y exteriorizarlo es la clave para la recuperación, la adaptación, la sanación y el crecimiento.

En este capítulo, has recorrido algunos aspectos del proceso de duelo. Has expresado lo que estás sintiendo en tu interior y has abordado algunas cuestiones difíciles.

El trabajo que has realizado es importante. Tu corazón, mente, cuerpo y alma se han beneficiado. Cada paso hacia la curación es un paso adelante.

Para ayudarte a sobrellevar el duelo, puedes descargar un diario de duelo de forma gratuita en mi sitio web (**www.afrontandolaperdidadetumascota.com**). Está disponible en la página de inicio y aparece al final de este libro en la página de recursos disponibles para los dolientes.

También, puedes ver los otros libros que he publicado en Amazon sobre la pérdida de un animal de compañía, los cuales te ayudarán a sobrellevar y saber más sobre el duelo. Puedes encontrar los enlaces para cada uno en la última página de este libro titulada: "Más recursos".

Por último, recuerda lo siguiente:

Sé amable contigo mismo.

Sé paciente contigo mismo.

Sigue escribiendo.

Haz de la escritura un hábito diario.

Sigue expresando lo que sientes por dentro. Sigue dando a tu corazón vías para desahogarse.

Mientras viajas por este camino, acéptate tal y como eres en este momento.

Acepta a los demás tal y como son. Acércate a las personas que te ayudan y te apoyan.

Cuida y nutre tu corazón.

Repite los ejercicios de escritura una y otra vez. Descarga el diario gratuito y úsalo. Te alentará ver cómo sanas y creces.

7

Los beneficios de la respiración profunda

La respiración profunda es una habilidad bastante útil, la cual puede ayudarte a procesar el duelo. Quienes lo practican con regularidad han descubierto que es extremadamente útil para manejar los pensamientos y las emociones cambiantes que produce este proceso.

Consiste en inhalar profundamente por la nariz y luego exhalar por la boca. Esto activa el sistema nervioso parasimpático y genera un efecto calmante.

Respira profundamente y lentamente durante al menos un par de minutos. Concéntrate en tu respiración y cierra los ojos si es necesario.

Intenta practicar la respiración profunda al menos dos veces al día, una vez por la mañana y otra por la noche. Al practicar esta habilidad, estás entrenando a tu mente y a tu cuerpo a reaccionar ante los intensos momentos de dolor que experimentarás en el futuro. Si practicas esta actividad frecuentemente, con el tiempo, se convertirá en un hábito que harás a diario y te resultará más fácil practicarlo.

En resumen, esta sencilla habilidad puede ser muy beneficiosa, y cualquier persona puede hacerla, en cualquier momento y en cualquier lugar.

Conclusión

Los momentos que compartiste con tu querido amigo son ocasiones especiales que debes guardar en tu corazón. Seguramente habéis compartido muchas escapadas y aventuras que extrañarás. Además, habrás crecido como persona gracias a vuestro tiempo juntos.

Es importante recalcar que tu vínculo fue único. Fue totalmente exclusivo y excepcional. Debido a esto, todo lo que vas a sentir va a reflejar tu personalidad, la de tu peludo y todos los momentos que compartisteis juntos. Lo que debes hacer ahora es sentir el dolor y experimentar los cambios en tu vida sin tu querido compañero y, en última instancia, volver a llenar tu corazón de alegría que, por el momento, se ha perdido.

Celebra su vida con los amigos que te apoyen y no te juzguen, con tu familia, con grupos de apoyo o con un especialista en duelo. A través de esta experiencia, vas a encontrar un remedio para tu dolor personal con el autocuidado, tus creencias y los regalos que recibiste de tu querido amigo.

Tu vida no ha finalizado. Por el contrario, tendrás una visión increíble que abrirá tu corazón a una relación continua con tu querido compañero. Recuerda que aunque la muerte pone fin a una vida, no termina una relación.

Los cambios que estás experimentando y tus sentimientos de estar perdido sin tu compañero tienen un tremendo impacto en tu vida.

Cuando estés preparado para celebrar el amor y apego que tuviste por tu peludo, con un funeral, una conmemoración o un recuerdo, estarás asumiendo activamente un compromiso con tu animal de compañía y reconociéndolo como una parte integral de tu vida, tu familia y tu crecimiento personal. Era tu mejor amigo, por esta razón, es normal llorar su pérdida. Asimismo, celebrar los recuerdos especiales que compartiste con él, te ayudará a procesar el duelo y aceptar la pérdida.

Más recursos

Si quieres saber más sobre los futuros lanzamientos, puedes suscribirte de forma gratuita a mi boletín, en el cual recibirás artículos y extractos de libros antes de que se publiquen. El boletín es gratuito. También, puedes descargar un diario de duelo gratuito y 10 recordatorios diarios. Puedes hacer todo esto en mi página web: https://www.afrontandolaperdidadetu mascota.com

Además, estos son los libros que he publicado sobre pérdida de un animal de compañía:

<u>¿Y ahora qué?: Cómo afrontar el duelo por la pérdida de tu perro</u>

<u>¿Y ahora qué?: Cómo afrontar el duelo por la pérdida de tu gato</u>

<u>Sanando un corazón pequeño de una gran pérdida: Cómo ayudar a un niño a superar la muerte de su animal de compañía</u>

<u>Cómo decir adiós a tu mejor amigo: Una guía para empezar a despedirte de tu gato</u>

<u>Cómo decir adiós a tu mejor amigo: Una guía para empezar a despedirte de tu perro</u>

Además, si necesitas ponerte en contacto conmigo, puedes hacerlo desde la misma página web o a través de mi correo electrónico

Correo electrónico: santiago@afrontandolaperdida detumascota.com

www.ingramcontent.com/pod-product-compliance
Lightning Source LLC
Chambersburg PA
CBHW072205150726
48002CB00014B/1224